Gedanken, die berühren

AF281155

Syra Kolb

Gedanken, die berühren

Du bist das Wertvollste was Du hast

Bibliografische Information der Deutschen Nationalbibliothek
Die Deutsche Nationalbibliothek verzeichnet diese Publikation in der
Deutschen Nationalbibliografie; detaillierte bibliografische Daten sind im
Internet über http://dnb.d-nb.de abrufbar.

© 2012 **Syra Kolb** (www.syrakolb.de)
Satz, Umschlaggestaltung, Herstellung und Verlag:
Books on Demand GmbH, Norderstedt
ISBN 978-3-8448-4612-6

Inhalt

Kapitel 1	11
Andere	13
Auf der Suche	15
DANKE	17
Das Geschenk	19
Das Leben ist Liebe	21
Depression	23
Die Welt in mir	25
Ein Geschenk des Himmels	27
Einfach sein	29
Eltern	30
Endlich	33
ER	35
Erfüllung	37
Es ist für mich nicht wichtig	39
Fassade	41
Glück	43
Graue Nebelwolken	45
Ich bin eine Frau	47
Ich friere	49
Ich kann in Deine Seele seh´n	51
Ich kenne einen Weg	53
Im Labyrinth meiner Seele	55
Du Kind meiner inneren Rasselbande	57
Lieber Gott,	59
Loslassen	61
Man hat...	63
Missbrauch	65
Nach oben!	67
Opferrolle	69

Rebellion 70

Schluss 73

Selbsterkenntnis 75

So tief in meiner Seele vergraben 77

Spuren im Sand 79

Über die Liebe 81

Verbundenheit 83

Wer? 85

Zeit für Tränen 87

Zum Abschied 89

Kapitel 2 91

Wenn Liebe lebt 91

Die Macht der Liebe 93

Ich liebe, ich lebe 95

Ich liebe Dich 97

Dimension Liebe 99

Liebe lebt 101

Meine Liebe zu Dir 103

Seelenverwandt 105

Einfach gut 107

Traum von Liebe 109

Überlassen 111

Verletzbarkeit 112

Zweifel 115

Zwei Seelen 117

Kapitel 3 119

Die Reise zur Selbstliebe 119

Aber 120

Alles was verletzt 123

Auch ich gehe durch Tunnel 125

Augenblicke 127

Ausbruch 129

Das alles gehört zu mir — 131

Das Leben auskosten — 133

Die Hölle der Abhängigkeit — 134

Die Reise zu mehr Menschlichkeit — 137

Dieser Weg — 139

Dornröschen erwach — 141

Du bist zauberhaft und liebenswert — 143

Einfach mal darüber nachdenken...... — 144

Enttäuschung — 147

Ich tue mir gut — 149

Jeder Morgen ein Neubeginn — 151

Lasse den Schmerz los — 152

Lassen wir Kinder doch Kinder sein — 155

Man sollte nicht alles wörtlich nehmen — 157

Masken — 159

Menschen — 161

Menschen reagieren — 162

Mit den Augen der Liebe — 165

Nimm Dich in den Arm — 167

Rebellion — 168

Trennung — 171

Verwandlung — 172

Was wichtig ist — 175

Eine tiefe Dankbarkeit und Liebe

*Eine tiefe Dankbarkeit und Liebe empfinde ich für mein wunderbares
Leben.*
Für all die Menschen, die mich begleiten und mir so viel geben.
Zuerst meinen Eltern, denn durch sie wurde dieses Geschenk erst wahr.
Meiner Mutter, die an mich glaubt, sie stand mir schon immer sehr nah.
*Von ihr habe ich meine Sensitivität, mein Lachen, meine Freude, an dem,
was ich tu.*
*Sie war immer für mich da, sorgt sich um mich, freut sich mit mir, hört
mir zu.*
*Meinem Vater, der unbedingt noch ein 3. Kind wollte, Gott sei Dank, sage
ich.*
*Ich trage mittlerweile das Positive, das er mir mitgegeben hat im Herzen
für mich.*
*Seine Zuverlässigkeit, seine Sparsamkeit, auch seine Hilfsbereitschaft, und
alles, was er schon mit seinen Händen strebsam erschafft.*
*Meinen großen Geschwistern Gerold und Elisabeth, die mir Nesthäkchen
vieles leichter machten, weil unsere Eltern über sie noch viel, viel strenger
wachten.*
Meinen Söhnen, Mario und Silvio durfte ich meine Mutterliebe geben.
Es war eine wunderschöne Zeit, ihre Kindheit so intensiv mitzuerleben.
*Ich musste lernen loszulassen, sie wurden erwachsen und meine Liebe
durfte sich wandeln.*
*Heute genieße ich das tiefe Gefühl in mir, wenn ich sie unterstütze im
Handeln.*
*Jeder für sich, auf seine eigene Art, bereichert mein Leben und gibt mir
so viel.*
Ich wünsche beiden das Gleiche und doch ihren eigenen Weg zum Ziel.
*Dem Mann meines Herzens, der es genießen kann von mir geliebt zu
werden.*
*Der auch mich liebt, mit all meinen Schwächen, Zweifeln, Fehlern und
Beschwerden.*

Seit 8 Jahren entdecken wir gemeinsam das Abenteuer Leben, Beziehung, Glück und Leid.

Durchlebten ganz intensiv Feuer, Wasser, Sturm, Harmonie und so manchen Streit.

Leos und Syra, ich hatte gleich das Gefühl, dass das gut passt, hatte aber noch große Selbstwertprobleme, empfand mich deshalb oft als Last.

Heute weiß ich, wir wurden zusammengeführt, weil wir uns gegenseitig eine Menge zu geben haben.

Wir konnten so Gefühle und Eigenschaften entdecken für ganz besondere Gaben.

Die Liebe zum Beruf, die Begeisterung und die Leidenschaft dafür, gemeinsame Pläne, Träume und Ziele und doch jeder auch seine eigene Tür.

Die Tür zur inneren Heimat, zum inneren Frieden , zum inneren Garten.

Es hat sich gelohnt auf diesen Menschen so lange zu warten.

Meine Freundinnen und Freunde, ich habe sie immer sehr dringend gebraucht.

Mit ihnen vieles erlebt, die erste Zigarette geraucht.

Konnte schwer loslassen, wenn die gemeinsame Zeit vorüber war.

Manche standen mir in einer bestimmten Zeit sehr, sehr nah.

Heute sind es andere Freundschaften und andere Vorstellungen.

Frei von Schuldgefühlen, Zwängen und Verpflichtungen.

Reich, wertvoll, kostbar; Geschenke, mit denen mich das Leben wirklich segnet, mit jedem Mensch, der mir mit Menschlichkeit begegnet und den ich schon begleiten durfte auf dem Weg zu sich.

Es ist immer eine Herausforderung und die Berufung für mich.

Mich anzunehmen und zu genießen in aller Pracht, hat mein Leben zu diesem gelebten Märchen gemacht.

Kapitel 1

Entdecke Dich in der Vielfalt Deiner Einmaligkeit

Für eigene Gedanken

Andere

Andere schienen mir so stark, ich wollte mich anlehnen,
mich nach Verständnis und Geborgenheit sehnen.
Andere schienen mir so selbstbewusst,
ich habe nichts davon gewusst,
dass es oft nur Fassade war,
nach außen hin ein großer Star.
Andere schienen mir so intelligent und weise.
Ich redete mit ihnen nur sehr leise.
Denn gegen sie war ich eine graue Maus.
Und die verkriecht sich nun mal gern im Haus.
Andere hatten so einen sicheren Gang.
Ohne Zittern, ohne Zwang.
Ich hüpfte durch die Welt, fast wie ein Kind.
Meist viel zu schnell, ein Wirbelwind.
Andere haben sich gegen meine Zuneigung gewehrt.
Und ich hatte mich nie ganz angenommen und geehrt.
Andere haben mir die Augen geöffnet und ich lernte viel.
Aufrecht, mit sicherem Schritt, geh´ich nun geradewegs zum Ziel.

Für eigene Gedanken

Auf der Suche

Welche Macht habe ich anderen gegeben!
Sie gestalteten und bestimmten mein Leben.

Ich gestattete es – sie konnten manipulieren,
ließen mich strahlen, ließen mich weinen, ließen mich frieren.

Ferngesteuert, so viele Jahre, unzählige Stunden.
Gerne aufgeopfert und so stark verbunden.

Hoffnung, dass das Gute siegt,
dass in der Hingabe die Erfüllung liegt.

Wusste keine Antwort auf die Frage: „Was willst Du?".
Doch ich erwachte aus dieser tödlichen Ruh´.

Ich habe mich auf die Suche gemacht.
Wer ist das, die mich im Spiegel anlacht?

Ich kannte mich nicht, wusste nicht, was ich wollte.
Und was ich auf dieser Welt eigentlich sollte.

Hatte mich vollkommen verloren,
und wurde nach viel Verzweiflung und Sehnsucht neu geboren.

Entdeckte immer mehr, was in mir steckt
und was meine heilende Lebenslust weckt.

Ich weiß, schon bald werde ich mich ganz annehmen können.
Und mir endlich die innere Freiheit, Lust & Liebe gönnen.

Für eigene Gedanken

DANKE

Ich bedanke mich bei allen, die stets an mich glaubten,
auch als ich selbst es gar nicht mehr konnte.
Den Menschen, die mir meine Schatten zeigten,
wenn ich mich zu sehr in der Sonne sonnte.

Danke an die Fröhlichen, die mich
mit ihrer Leichtigkeit ansteckten.
Sowie an alle, die mich aus
meinem Dornröschenschlaf weckten.

Einen besonderen Dank denen,
die mir Seiten von mir spiegelten, die ich hasste.
Und auch jedem Einzelnen, der mir zeigte,
was ich aus Pflichtgefühl verpasste.

Herzlichen Dank an die, die mich verließen,
weil unsere Zeit vorüber war.
Und an alle, die gerne mit mir zusammen sind,
aus fern und nah.

Ich bin so dankbar, endlich alles, was in mir steckt,
leben zu können.
Und mein ganz besonderer Dank gilt allen,
die mir das von Herzen gönnen.

Für eigene Gedanken

Das Geschenk

Ich wünsche mir nur eins von Dir:
„Lass mich sein!"
Ich bin dankbar für dieses Geschenk,
denn es ist für mich allein.

Du zeigst mir damit, Du willst mich nicht
verbiegen und manipulieren.
Du kannst mich, so wie ich bin, respektieren.

Und genau das, möchte ich Dir mit Freude auch schenken.
Ich muss nicht Deine Zukunft lenken.

Ich lasse Dich sein, denn auch Du bist es wert,
dass man Dich liebt, Dir vertraut und Dich ehrt.

Du bist ein ganz besonderer Mensch mit wertvollen Gaben.
Und ich kann nun endlich mich sein und mich lieb haben.

Für eigene Gedanken

Das Leben ist Liebe

Das Leben ist eine Chance, nutze sie jeden Tag, jede Stunde.
Das Leben ist schön, in geselliger Runde.

Das Leben ist auch Pflicht, erfülle sie liebevoll.
Das Leben ist eine Herausforderung,
die man neugierig annehmen soll.

Das Leben ist ein Traum, den es zu verwirklichen gilt.
Das Leben ist ein Spiel, das Deinen Hunger stillt.

Das Leben ist Reichtum, bewahre ihn Dir.
Das Leben ist auch mal Tragödie, stelle Dich ihr.

Das Leben ist eine Wonne, koste sie aus.
Das Leben ist Heimat, Dein Seelenhaus.

Das Leben ist kostbar, Du darfst es genießen.
Das Leben ist Liebe, lass sie endlich fließen.

Das Leben ist ein Rätsel, dessen Lösung Du kennst.
Das Leben ist ein Versprechen, welches Du Deine Lebensaufgabe nennst.

Das Leben ist auch Traurigkeit, nimm sie zärtlich an.
Das Leben ist ein Lied, das man in allen Tonlagen singen kann.

Das Leben ist ein Abenteuer, freue Dich drauf.
Das Leben ist Leben und nimmt seinen Lauf.

Das Leben ist Glück und das steht Dir zu.
Das Leben ist Loslassen, Vertrauen und innere Ruh´.

Für eigene Gedanken

Depression

Einsamkeit – tödliche Stille.
Keine Lust – kein eigener Wille.
Tränen? Die rinnen schon lange nicht mehr,
alles so trübe und leer.
Angst vor dem Morgen,
nur schwer und voller Sorgen.
Viele Menschen und doch so allein,
Angst, Angst vor dem Sein.
Eine Krankheit? Nein, krank bin ich nicht.
Eine Laune, über die man nicht spricht.
Etwas, was man verdeckt
und hinter einer Maske versteckt.
Warum ich? Ich müsste doch zufrieden sein.
Diese Worte holen Dich täglich ein.
Eine furchtbare Angst vor diesen Gefühlen,
die, die innere Leere und Hoffnungslosigkeit aufwühlen.
Der Gedanke, Dich mit allem, was in Dir ist, zu ertragen.
Mit Dir allein zu sein, lässt Dich fast am Leben verzagen.
Der Opferrolle schon so lange verfallen und treu ergeben.
Jetzt wird es Zeit, dieses alte Muster endlich aufzugeben.
Du wirst gebraucht auf dieser Erde, Du bist wichtig,
liebenswert, wunderbar und genau richtig.
Lass uns entdecken, was da noch alles in Dir steckt.
Was Deine verbannte LEBENSLUST endlich weckt.
Ich zeig Dir den Weg, öffne Dir gerne die Tür zum Leben.
Den Rest kannst Du Dir selbst nur geben.

Für eigene Gedanken

Die Welt in mir

Wie würde es sein, wenn die Welt ganz friedlich wäre,
ohne Kriege, Kämpfe und Misere?
Wie würde es sein, wenn die Welt ganz ehrlich wär,
ohne Falschheit und Hinterlist, ganz einfach fair?

Wie würde es sein, wenn die ganze Welt nur glücklich wäre,
ohne Kummer, Leid und Schwere?
Wie würde es sein, wenn die ganze Welt voll Liebe wär,
ganz erfüllt – keiner stellt sich quer?

Es wäre ein Paradies und da wollen wir doch alle hin,
es zu suchen, gab meinem Leben Sinn.
Doch ich kann es nicht in anderen Menschen finden, egal wo.
Aber in mir kann ich in Liebe leben, glücklich, zufrieden und froh.

Und dann kann ich diesen Frieden und diese Freude weitergeben.
Das bringt wahre Liebe und Zufriedenheit in unser aller Leben.
Dann verwandelt sich die Welt und wenn auch nur ein kleines Stück.
Und dieses Geschenk nennt sich Menschlichkeit, Liebe und Glück.

Für eigene Gedanken

Ein Geschenk des Himmels

Manche Menschen wissen nicht, wie gut es tut, sie nur seh´n.
Das Gefühl zu haben, sich ohne Worte zu versteh´n.

Manche Menschen wissen nicht, wie angenehm ihre Nähe ist.
Dass man dabei so manchen Schmerz vergisst.

Manche Menschen wissen nicht, dass ihr Lächeln verzaubern kann.
Hält es für einen Augenblick den grauen Alltag an.

Manche Menschen wissen nicht, dass der Klang ihrer Stimme
schon so viel gibt.
Und dass man sie, genau so wie sie sind, von Herzen liebt.

Manche Menschen wissen nicht, dass sie ein Geschenk des Himmels sind.
So wie eine kostbare Blume, ein Wolkenmeer oder ein milder Sommer-
wind.

Und heute möchte ich Dir sagen, dass Du so ein Geschenk des Himmels
für mich bist, so wertvoll und kostbar.
Und es macht mich glücklich, bist Du einfach nur da.

Für eigene Gedanken

Einfach sein

Ich will mich befreien von Gewohnheiten, die mich lähmen.
Von Aufgaben, die mich auslaugen und versuchen zu zähmen.

Von Pflichten, die mich einengen und delegieren.
Von Forderungen, die mich bedrücken und manipulieren.

Von Erwartungen, die mich unter Druck setzen.
Von Terminen und Plänen, die mich durch den Tag hindurchhetzen.

Ich will frei sein und meine Möglichkeiten entfalten.
Meinen Alltag liebevoll selbst zu gestalten.

Ohne Angst alle Fragen zu stellen.
Mit einem Lächeln die Wolken aufhellen.

Meine Zweifel anzubringen und „frei" zu sagen.
Mit Lebenslust manches Abenteuer zu wagen.

Zu entscheiden, wann immer ich ruh´
und zu verantworten, wann und was ich gerade tu´.

Einfach sein – einfach leben.
Mich selbst dem Leben als Geschenk einfach hinzugeben.

Eltern

Mama, was hast Du mir angetan?
Ich kam mit so viel Vertrauen bei Dir an.

Mama, bitte liebe mich.
Ich habe doch so viel Liebe im Herzen für Dich.

Es tut so weh, dass Du mich nicht lieben kannst, so wie ich bin.
Ich verschließe mich und nehme es hin.

Mama, dann lasse mich von Papa nehmen.
Ich will mich nach seiner Liebe sehnen.

Papa, bitte kannst Du mir die Liebe geben,
die ich so dringend brauche zum Leben?

Wie willst Du mich haben, wie soll ich sein?
Ich lasse mich auf jede Anforderung ein.

Ich lasse mich biegen, setze eine Maske auf.
Lasse meinen Tränen keinen Lauf.

Papa, kannst Du mich so sehen,
mich nun lieben und verstehen?

Eltern, Ihr wisst doch auch nicht, was Liebe wirklich ist,
weil eine verletzte Seele das ganz schnell vergisst.

Und so habt Ihr Beide ausgesendet,
ich will einen Partner; der mich blendet.

Ich bin es nicht wert, geliebt zu werden, so wie ich bin.
Und es zog Euch zu diesem Menschen hin.

Eltern, mir wurde nun endlich gezeigt,
was ohne Liebe von mir bleibt.

Und durch die schmerzlichsten Erfahrungen wurde soviel bewegt,
dass ich nach und nach dieses alte Muster hab abgelegt.

Und deshalb danke ich auch für alle Enttäuschungen,
denn sie machten mir klar:
Es war vorher eine gewaltige Täuschung da.

Von der wurde ich doch lediglich befreit.
Und es heilte immer mehr mit der Zeit.

Heute weiß ich, ich bin es wert, geliebt zu werden.
Mit allen Lastern, Fehlern und Beschwerden.

Genau so, wie ich bin.
Und dadurch zieht es mich zur Liebe hin.

Die kann ich nun endlich annehmen und geben,
denn nur sie bringt die Erfüllung in unser Leben.

Für eigene Gedanken

Endlich

Endlich in der Realität angekommen.
Durch den Tanz im Labyrinth so viel an Erfahrung gewonnen.

Endlich bereit, in mir den Frieden zu finden.
Ohne andere Menschen an mich zu binden.

Endlich befreit aus der Opferrolle und aus Zwängen.
Ich nehme mein Leben nun an, ohne zu drängen.

Herausforderung, ich nehme Dich an.
Genau wie ich Glück und Liebe annehmen kann.

Für eigene Gedanken

ER

Was habe ich ihm angetan?
Kam mit meiner Last bei ihm an.

Bewunderte seine Fähigkeiten, gab ihm Macht.
Er hat so viel in mir entfacht.

Ich, ein Nichts im Gegensatz zu ihm-
ihm nicht würdig, wie mir schien.

Er erkannte was meiner Seele noch wehtat.
Er hörte nicht auf, als ich ihn darum bat.

Ich hätte ihn nicht reizen dürfen, das ist mir klar,
doch da war diese Sehnsucht da.

Und er sollte zufrieden mit mir sein.
Plötzlich hörte ich mich sagen: „Nein"!

Ich habe ihn verärgert, das verzieh´ ich mir nicht.
Ich stellte mich ins Dunkle, ihn ins Licht.

Gott sei Dank wurde mir irgendwann klar,
dass dies ein großer Fehler war.

Ich habe viel gelernt aus dieser Zeit.
Und war zu Vergebung und zum Loslassen bereit.

Für eigene Gedanken

Erfüllung

Erfüllt von einer wunderbaren Liebe,
eine glückliche Frau.
Mit schöpferischen Fähigkeiten,
denen ich nun endlich vertrau.

Ich nehme dieses wundervolle euphorische Gefühl
in jedem Augenblick meines Lebens wahr.
Es ist in Allem enthalten, was ich denke und fühle –
es ist immer da.

Mein ganzes Sein ist durchdrungen von
vollkommenem Glück.
Auf eine unglaublich schöne Art und Weise,
erlebe ich mich nun als Meisterstück.

Ich erkenne, auch mein Alltag gestaltet sich schöner,
wie ich es mir je vorstellen konnte,
als ich mich noch im Schatten sonnte.

Ich liebe mein Leben und lebe meine Liebe in mir
und bin so dankbar, dass ich das alles endlich kapier.

Für eigene Gedanken

Es ist für mich nicht wichtig

Es ist für mich nicht wichtig, wie reich Du bist.
Ich will wissen, ob Du Dich selbst dabei nicht vergisst.

Es ist für mich nicht wichtig, wie viel Erfolg Du hast.
Ich will wissen, ob Du das Leben dabei nicht verpasst.

Es ist für mich nicht wichtig, wie alt Du bist an Jahren.
Ich will wissen, was konntest Du Dir an Vertrauen bewahren?

Es ist für mich nicht wichtig, was andere von Dir denken.
Ich will wissen, ob Deine Gefühle Deine Taten lenken.

Es ist für mich nicht wichtig, ob alles wahr ist, was Du mir erzählst.
Ich will wissen, ob Du die Worte Deines Herzens wählst.

Es ist für mich nicht wichtig, kannst Du meine Art nicht leiden.
Ich will wissen, ob Du andere enttäuschen kannst,
um Dir selbst treu zu bleiben.

Denn Du bist mir wichtig, genau wie ich mir wichtig bin.
Nur durch RESPEKT und LIEBE,
bekommt unser Leben einen Sinn.

Für eigene Gedanken

Fassade

Verirrt in der Einöde meiner Gedanken.
Verwirrt, mein Heile-Welt-Vakuum kam ins schwanken.

Verletzt, keine Chance dem Irrsinn zu entgehen.
Vernetzt, konnte die Kabel bis zur Ewigkeit sehen.

Verbauen werde ich mir meine öffentliche Fassade.
Vertrauen werde ich auf die Liebe und das Glück in jeder Lebenslage.

Für eigene Gedanken

Glück

Oh mein Gott, bin ich glücklich, ich glaub´ fast ich zerspringe.
So glücklich, dass ich tanze und singe.

Meine Augen glänzen wie zwei Sterne.
Ich blicke in eine unsagbar schöne Ferne.

Habe eine unbändige Lust auf Leben
So viel – ich kann davon abgeben.

Jede Zelle meines Körpers ist erfüllt mit Liebe und Fröhlichkeit.
Ich gebe sie weiter mit aller Herzlichkeit.

Und meine mystische Energie im Wind,
bringt den Menschen näher, der ich bin, der wir sind.

Für eigene Gedanken

Graue Nebelwolken

Graue Nebelwolken warfen dunkle Schatten
auf zwei Seelen, die eine so tiefe Verbindung hatten.

War es Liebe, war es Abhängigkeit?
Oder die Sehnsucht nach der Ewigkeit?

Graue Nebelwolken entleerten sich über der weißen Traumwelt.
Haben das ganze Leben in Frage gestellt.

Triefend nass auf die Suche nach dem Selbst gemacht.
Und nach langer Zeit im Nebel hat plötzlich die Sonne gelacht.

Graue Nebelwolken sind nun plötzlich verschwunden.
Endlich den Weg zu mir selbst gefunden.

Strahle nun das Gefühl aus, das ich empfinde.
Meine Liebe, mit der ich niemanden binde.

Frei und leicht und doch so tief vereint.
Jetzt werden nur noch Tränen aus Freude geweint.

Für eigene Gedanken

Ich bin eine Frau

Ich bin eine Frau, habe es jetzt erst entdeckt.
So viele Jahre in Rollen versteckt.

Ich bin eine Frau und darf es auch sein.
Schluss mit Fremdbestimmung, Schuld und Schein.

Ich bin eine Frau, mit so viel Elan und Lust.
Habe es eine Ewigkeit lang nicht gewusst.

Ich bin eine Frau und tanze jetzt mit dem Leben.
Kann der Welt nun so viel Wunderbares geben.

Ich bin eine Frau, die das Abenteuer liebt.
Die weint, die lacht, die nimmt und gibt.

Ich bin eine Frau, die ihre Frau steht.
Und mit sich selbst ganz liebevoll umgeht.

Ich bin eine Frau und bin dankbar und froh.
Stehe zu dem, was ich sage, egal wie und wo.

Ich bin eine Frau, die sich auch fallen lassen kann.
Und ich nehme dieses Wunder ganz und gar an.

Für eigene Gedanken

Ich friere

Du bist hier, in mir, um mich, doch ich friere – meine Seele weint.
Du bist immer neben mir. Bedeckst mich, umschlingst mich,
saugst mich auf, wie mir scheint.
Doch ich friere, meine Seele weint.

Du meinst es ehrlich und aufrichtig, bist stets für mich da.
Du sagst Andere benutzen mich nur, sind sie mir nah.
Doch ich friere, meine Seele weint.

Du passt auf mich auf. Weißt, was gut für mich ist.
Sagst es mir immer, damit Dein Kind es nie vergisst.
Doch es friert und seine Seele weint.

Dieses Kind soll aber auch Geliebte, Ehefrau und Mutter sein.
Stellt sich ganz schnell auf die jeweilige Anforderung ein.
Doch es friert und seine Seele weint.

Dieses Kind lasse ich in mir frieren – warum lasse ich das zu?
Es ist Schluss! Ich allein gebe ihm nun Heimat,
Anerkennung, Liebe und Ruh.
Mein inneres Kind wird stolz auf mich sein.
Wir beide sind nun nie mehr allein.

Für eigene Gedanken

Ich kann in Deine Seele seh´n

Ich kann in Deine Seele seh´n.
Dich auch hinter Deiner Rüstung gut versteh´n.

Ich kann Deinen Schmerz mit mir teilen.
Und als Liebe in Deinem Herzen verweilen.

Ich kann Dich mit meiner Freude anstecken.
Und mit Wärme und Harmonie bedecken.

Ich tue das alles gerne für Dich.
Doch das Gleiche gilt nun endlich für mich.

Ich werde tief in meine Seele sehn.
Mich mit all meinen Fehlern gut versteh´n.

Ich werd meinen Schmerz auch mit anderen teilen.
Und deren Liebe wird in meinem Herzen verweilen.

Ich werde mich mit dem Virus „Liebe" und „Freude" anstecken lassen
und Wärme und Harmonie werden mich umfassen.

Früher fand ich das ganz fürchterlich.
Heute sag ich ganz stolz: „Ich liebe mich".

Für eigene Gedanken

Ich kenne einen Weg

Ich kenne einen Weg laufen zu lernen.
Mich mit jedem Schritt von Abhängigkeiten zu entfernen.

Ich kenne einen Weg Liebe zu verschenken.
Ohne dabei an meinen Vorteil zu denken.

Ich kenne einen Weg mich zu finden und anzunehmen.
Ohne auch nur einen kleinen Teil von mir abzulehnen.

Ich kenne einen Weg, manchmal steinig und nicht leicht zu geh´n.
Doch bin ich ein paar Mal gefallen, werde ich vieles klarer seh´n.

Ich kenne einen Weg, auf dem wird mir manchmal auch die Traurigkeit
begegnen.
Doch auch immer Menschen, die mich mit ihrer Fröhlichkeit segnen.

Ich kenne einen Weg, der mich tiefer zu mir bringen kann.
Ich nehme dabei Rat und Hilfe gerne an.

Ich ging einen großen Teil des Weges und viele unterstützten mich dabei.
Und nun fühle ich mich stark, selbstbewusst und innerlich frei.

Für eigene Gedanken

Im Labyrinth meiner Seele

Im Labyrinth meiner Seele umhergeirrt.
Gedankenstürmen ausgesetzt und verwirrt.

Keine Chance zu entrinnen.
Dunkle Ahnungen zu mir dringen.

Im Labyrinth meiner Seele sollte ich büßen.
Keinen festen Boden unter den Füßen.

Angst drückte mir die Seele zu.
Mit Schuld beladen sah ich mir selber zu.

Im Labyrinth meiner Seele, dann endlich mich selbst gefunden.
Nach so vielen sehnsuchtsvollen Stunden.

Ein Stern, so strahlend mit mystischem Glanz.
Endlich Erfüllung, ich bin in mir ganz.

Für eigene Gedanken

Du Kind meiner inneren Rasselbande

Hallo mein inneres Kind, diese eine Seite von mir,
was fühlst Du, wer bist Du, wie geht es Dir?

Ich möchte Dich kennen lernen, egal wie Du bist,
damit Du alten Schmerz vergisst.

Wir werden nun nichts verdrängen oder betäuben mit irgendwelchen
Drogen,
Du wirst nicht mehr manipuliert oder verbogen.

Sag mir, wie Du mich siehst und was Du Dir von mir wünschst im Leben;
ich möchte Dir gerne Liebe, Wärme und Achtung geben.

Bitte weiche nicht zurück, komm einfach auf mich zu.
Nur gemeinsam finden wir Frieden und unsere innere Ruh´.

Es tut mir leid, dass ich Dich früher nicht so bewusst sah.
Das ist Vergangenheit, ich sehe Dich und fühl mich Dir nah.

Du bist ein Teil von mir, mit dem ich nun ganz bewusst Partnerschaft lebe
und dem ich ganz viel Liebe und Zärtlichkeit gebe.

Wenn wir uns gegenseitig unterstützen und halten,
können wir unser Leben, ohne Angst, mit viel Lust und Freude gestalten.

Gemeinsam sind wir nie mehr allein
und können wirklich stolz aufeinander sein.

Für eigene Gedanken

Lieber Gott,

ich vertraue Dir unser aller Schicksal an,
weil ich weiß, dass ich ganz und gar auf Dich bauen kann.

Du bist bei uns, jederzeit –
und hältst für uns immer einen Engel bereit.

Deine allmächtige Liebe fühlen wir nun in unserem Leben.
Durch Dich wird es für uns ganz neue Perspektiven geben.

Deine Wärme und Geborgenheit dürfen wir spüren.
Du wirst uns auf unserem weiteren Lebensweg führen.

Ich bin so froh, dass es Dich gibt,
denn ich weiß, jeder von uns wird von Dir geliebt.

Danke, lieber Gott, was gerade geschieht ist wichtig für unser aller Leben
und ich werde dafür der Welt ganz viel Wärme und Liebe geben.

Denn Du bist in mir und das macht mich stark, ruhig und zufrieden.
Ich vertraue Dir und liebe Dich, ich habe mich entschieden.

Für eigene Gedanken

Loslassen

Welch eine Freude, es ist überstanden.
Alle Fesseln gelöst, die mich so banden.

Der Nebel lässt nach – der Blick wird klar.
Befreiung, Leichtigkeit und Freude so nah.

Wie lange habe ich darauf gewartet?
So viele Aktionen gestartet.

Und nun ganz friedlich über Nacht,
aus einem bösen Traum aufgewacht.

Losgelassen, was mich so gequält,
und ganz einfach Befreiung gewählt.

Für eigene Gedanken

Man hat...

Man hat mich verletzt – ich habe mich verletzen lassen.
Man hat mich benutzt – ich wollte es nicht verpassen.

Man hat mir viel genommen – ich habe gerne gegeben.
Nehmen war schon immer viel schwerer im Leben.

Man hat mich gefangen – ich war mit der Zelle vertraut.
Mein ganzes Leben lang Wolkenschlösser gebaut.

Man hat mich belogen – doch ich habe nichts kapiert.
Ich wurde schon so viele Male manipuliert.

Man war rücksichtslos, ich zählte nicht viel.
Durch diese Erfahrungen nun mich kennen zu lernen, das ist mein Ziel.

Mich zu achten, mich zu lieben und anzunehmen
und mich nach meinem inneren Frieden zu sehnen.

Für eigene Gedanken

Missbrauch

Ich kann nicht mehr essen,
jeden Bissen würge ich, kann nicht vergessen,
was ist das erst für Dich?
Ich habe Menschen, denen ich mich anvertrauen kann,
doch Du bist mit unserem Geheimnis ein armer Mann.
Ich lasse nichts auf Dich kommen,
habe ich dadurch auch viel an Erkenntnis gewonnen.
Bilde mir einfach ein, es sei aus Liebe gescheh'n,
und Du würdest auch zu diesen Gefühlen steh'n.
Es tut so weh, wenn Zweifel mich auffressen.
Ich möchte mir verzeihen und vergessen.

Für eigene Gedanken

Nach oben!

Man hat Dich so verletzt und Du hast zugemacht.
Du warst verzweifelt, doch Du wurdest ausgelacht.

Man hat Dich benutzt – so oft im Leben.
Irgendwann stellte sich Deine Wut daneben.

Du hast ausgeteilt, wolltest Dir nichts mehr gefallen lassen.
Kein Siegesgefühl durftest Du verpassen.

Du hast geschuftet und wolltest es allen zeigen.
Ich schaffe es, ich kann aufsteigen.

Dann warst Du oben und blicktest zurück.
Das ist mein Leben, doch wo ist das Glück.

Für eigene Gedanken

Opferrolle

Was fasziniert mich so an ihm, warum kann ich ihn nicht vergessen?
Kann nicht loslassen – was macht mich so besessen?
Sind es Erinnerungen aus früheren Leben?
Hat es so viel Schmerz und Abhängigkeit damals schon gegeben?
Oder fühl ich mich verletzt und abgewiesen jetzt und hier?
Weil ich ihn und alles nicht kapier.
Ich hab ihn bewundert, verehrt und so hoch gestellt.
Und nun bin ich es, die immer tiefer fällt.
Ich, das arme Opfer, das so furchtbar leidet.
Und jeden Kontakt nun schmerzvoll meidet.
Doch muss ich wirklich Opfer sein?
Ein Teil von mir sagt endlich: „Nein"!
Ich bin kein Opfer, denn nur durch mich bekam er die Macht.
Ich hab ihn mit meiner Energie und Abhängigkeit so groß gemacht.
Nun hole ich mir meine Seelenanteile zurück.
Nehme sie wieder in mir auf – Stück für Stück.
Gehe in mich, komme zu mir und versuch in meiner Energie zu bleiben
und meine Gedanken, Gefühle und Erkenntnisse aufzuschreiben.
Mir wird bewusst, dass er ohne Opfer keine Chance hat zu manipulieren.
Ich schreibe meine Rolle in diesem Stück nun um und lerne
mich zu lieben und zu respektieren.
Ohne Opfer wird es keinen Täter mehr geben
und ich werde frei und es kommt Liebe in mein Leben.

Rebellion

Was ist los, was rebelliert in mir?
Es bebt, es schreit, ganz ohne Manier.
Ich fühle mal wieder Ungerechtigkeit.
Jedoch zugleich diese unbändige Angst vor Streit.
Deshalb will ich vermitteln, verhandeln und Ruhe reinbringen.
Doch heute will mir das nicht gelingen.
Vielleicht soll es auch nicht so einfach sein.
Auf meinem Herz sitzt gerade ein riesiger Stein.
Worte, die stechen wie ein Messer.
Was soll ich entgegnen, der andere weiß es besser.
Soll ich flüchten vor meiner Wut, die aufsteigt?
Was ist es, was dann noch von mir übrig bleibt?
Soll ich nachgeben und die Schuld bei mir suchen?
So oft habe ich das getan, ich könnte fluchen.
Keiner hat Schuld, wir alle machen Fehler, sag` ich mir.
Was ist los, dass ich diese Worte heute nicht kapier?
Fehler sollte man auch einsehen.
Sich darum bemühen, auch den anderen zu verstehen.
Aber es kann nicht immer nur mir zugeteilt werden,
andere zu verstehen, in ihrer Wut, Respektlosigkeit und Beschwerden.
Auch ich habe Respekt und Achtung verdient, als Mensch, als Frau.
Wie mein Gegenüber, das weiß ich genau.
Was soll ich tun? Steht auf meiner Nase geschrieben,
an ihr kannst du dich austoben, sie wird dich trotzdem lieben.
Oder ist meine Liebe gar nicht so wichtig, wie ich dachte,
als man noch freundlich mit mir lachte.
Wie naiv, ich dachte, sie könnte alle Verletzungen heilen.
Man würde gerne in meiner Nähe verweilen.
Liebe heißt aber auch loslassen, was meine Liebe bekämpft und nicht will.
Dazu brauche ich keine Wut mehr, das geht äußerst still.

Schluss- - - niemand wird es je wieder schaffen, dass ich mich aufgebe,
dass ich in Abhängigkeit und Selbstverachtung lebe.
Ich übernehme die Verantwortung für meine Vergangenheit,
meine Gegenwart und meine Zukunft nun ganz allein.
In Wahrheit und Respekt meinen Gefühlen gegenüber---
Auch alles in mir darf sein.

Für eigene Gedanken

Schluss

Ich habe so oft „Nein" gesagt, kaum einer wollte es hören.
Ich sollte andere in ihren Vorhaben nicht stören.

Ich habe so oft „Nein" gesagt, war es nicht deutlich genug?
Oder in Wahrheit nur ein Selbstbetrug?

Ich habe „Nein" gesagt, so oft
und auf Verständnis und Gefühl gehofft.

Ich konnte es nie deutlich zeigen
und andere enttäuschen, um mir treu zu bleiben.

Lieber verletzte ich mich mit aller Macht.
Habe geheult und an etwas anderes gedacht.

Meiner Seele machte ich unmissverständlich klar,
ich bin für das Glück der anderen da.

Irgendwann erwachte ich und habe es gewagt:
Ich habe laut und deutlich „Schluss" gesagt.

Für eigene Gedanken

Selbsterkenntnis

Ich brauche nun endlich keine Schuldigen mehr,
fühle ich mich verletzt, missverstanden und leer.

Die Zeit der Täter- und Opferrolle ist vorbei.
Das gibt mir den inneren Frieden, ich fühle mich frei.

Ich werde die Verantwortung für mich nun selbst übernehmen.
Und kann mich doch ganz vertrauensvoll anlehnen.

Ich bin nicht perfekt, muss mich auch gar nicht beweisen.
Ich gebe mir die Erlaubnis für gelegentliche Traumreisen.

Und doch weiß ich, ich lebe im Hier und Jetzt ganz bewusst.
Mit innerer Ruhe, viel Lebendigkeit und Lust.

Ich kämpfe nicht mehr gegen Wesenszüge von mir an,
weil ich nun auch sogenannte Schattenseiten respektieren kann.

Ich habe aus den Spiegeln, die mir begegneten, eine Menge erkannt.
Und war erstaunt, dass ich meine eigenen Schwächen darin so oft wiederfand.

Ich muss nun nicht mehr andere retten, ändern oder manipulieren.
Ich habe gelernt ihre Größe zu seh'n und sie, so wie sie sind, zu akzeptieren.

Ich lasse niemanden mehr in meiner Schuld stehen.
Es ist so schön, gemeinsam ohne Schuldgefühle voranzugehen.

Gemeinsam können wir so viel bewegen
und Schicht für Schicht alten Schmerz ablegen.

Für eigene Gedanken

So tief in meiner Seele vergraben

So tief in meiner Seele vergraben und doch nehme ich
dieses elende Wimmern wahr.
Gehört es zu mir, seit wann ist es da?
Es hört sich so jämmerlich an,
dass ich es nicht annehmen kann.
So tief in meiner Seele vergraben
und doch ist sie da, diese unsagbare Traurigkeit,
diese Sehnsucht nach der Ewigkeit.
So tief in meiner Seele vergraben
und doch fühle ich diesen unbändigen Schmerz,
welche Macht zerdrückt gerade mein Herz.
So tief in meiner Seele vergraben und so gut verschlossen,
Tränen und Blut ineinander geflossen.
So tief in meiner Seele vergraben und doch das Gefühl, an Luft zu er-
sticken,
rüttelt mich nun wach und lässt mich in die Zukunft blicken.
Will ich dieser Macht in mir nachgeben
oder spüre ich auch etwas wie „Leben"?
Ja, eine unbändige, göttliche Lebenslust,
sie vertreibt jeden Schmerz, jeden Kummer und jeden Frust.

Für eigene Gedanken

Spuren im Sand

Ein Mensch träumt sich zu Gott, um ihn so manches zu fragen.
Angst, Schmerzen, viel Leid ließen ihn manchmal am Leben fast verzagen.

Und nun will er, dass Gott ihm eine Antwort gibt:
Warum er manche Menschen weniger liebt?

„Weshalb, mein Kind, denkst Du so etwas", fragt ihn Gott.
Der Mensch entgegnet, „wo warst Du denn in meiner größten Not?"

Immer habe ich im Sand vier Fußspuren gesehen,
war mein Leben ruhig und schön.

Doch als es mir miserabel ging,
mein Leben an einem seidenen Faden hing,

da sah ich nur zwei Fußspuren im Sand,
was ist das für ein Gott, der mir da nicht beistand?

Gott sprach: „In der Zeit musstest du dich so sehr plagen
und deshalb mein liebes Kind, habe ich Dich getragen."

Für eigene Gedanken

Über die Liebe

SIE zeigte uns den Weg, anderen Menschen helfen zu können.
Wir waren bereit, uns dieses Erlebnis zu gönnen.
Denn wie viel Freude kann es machen,
sieht man einen Menschen glücklich lachen.

SIE führte uns auf den Weg, Frieden einkehren zu lassen.
Das wollten wir auf keinen Fall verpassen.
Denn endlich Ruhe und Frieden zu erleben,
kann uns heilen und so viel geben.

SIE zeigte uns den Weg anderen zu vertrauen,
um gemeinsam ein Fundament aufzubauen.
Dabei fühlt sich keiner einsam und allein.
Und das Leben kann viel leichter sein.

SIE brachte uns auf den Weg, Zuneigung zu verschenken.
Das kann eine ganze Menschheit lenken.
Denn nur mit Liebe, in unseren Herzen
vertreiben wir Schuld, Kummer und Schmerzen.

Die Liebe, die wieder fließen kann,
versöhnt die Menschen, ob Frau, ob Mann.
Und uns zeigte SIE diesen Weg –
welch großes Geschenk hat SIE uns gemacht.
In uns allen ist SIE spürbar erwacht.

Für eigene Gedanken

Verbundenheit

Welch ein Glück, so viele Menschen, kommen auf mich zu.
Wir erkennen, verstehen und kommen zur Ruh.

Welch ein Glück, wir nehmen uns einfach an,
mit all den Schwächen, ob Frau, ob Mann.

Welch ein Glück, so viele Menschen wollen in meiner Nähe sein,
doch ich bin auch mit mir nicht allein.

Welch ein Glück, so viele Menschen
wurden Freunde und Seelenpartner für mich.
Dafür danke ich allen ganz, ganz herzlich.

Ihr seid so wichtig in meinem Leben.
Wir können uns gegenseitig so viel geben.

Für eigene Gedanken

Wer?

Wer sagt mir, was ich zu tun und zu lassen habe?
Wer hindert mich an meiner Lebensaufgabe?

Wer lässt mich keine Freude erleben?
Wer kann mir keine Ruhe geben?

Wer gönnt mir nicht glücklich zu sein?
Ich bin es - ich allein.

Mit der Gabe, Menschen von Herzen zu lieben,
ohne sie nach irgendwelchen Kriterien auszusieben.

Dies macht mein Leben lebenswert.
Wodurch wird dieses Werk zerstört?

Was muss ich lernen in diesem Leben?
Die Antwort kann ich mir nur selber geben.

Ich muss nicht mit den Augen sehn,
um andere Menschen zu verstehn.

In der Schule des Lebens ständig lernen,
unnötige Lasten zu entfernen.

Bin endlich auf dem richtigen Weg.
Indem ich alle Ängste, Zweifel und Sorgen in Gottes Hände leg.

Für eigene Gedanken

Zeit für Tränen

Tränen – ich lasse sie zu,
mit unsagbarem Schmerz auf Du und Du.

Tränen – meine Seele sagt mir,
ich hab keine Wahl, ja so steh ich hier.

Werde ich das je übersteh´n,
wird dieser Schmerz eines Tages vergeh´n?

Traurigkeit – sie zeigt mir einen Weg,
wenn meine Seele diese Zeit übersteht.

Ich musste durch diese Dunkelheit wandeln,
und im Lichtstrahl am Ende des Tunnels handeln.

Diesen unsagbaren Schmerz durchleiden
und meine Seele ganz entkleiden.

Um dann gestärkt und mutig aufzustehen
und das Leben, die Liebe und die Lust endlich zu sehn.

Für eigene Gedanken

Zum Abschied

Vergesse und verdränge einfach, dass es mich je gegeben hat.
Arbeite, schlafe, lache laut, esse Dich satt.

Du kannst das sehr gut.
Du weißt am besten, was Dir gut tut.

Verdränge und vergesse einfach, dass es einen Menschen gibt,
der Dich, so wie Du wirklich bist, von Herzen liebt.

Du kannst so etwas nicht zulassen.
Es würde nicht in Dein Schema passen.

Vergesse und verdränge einfach, dass es wahre Liebe auch für Dich wirklich geben kann.
Nehme dafür lieber Anerkennung und Bewunderung an.

Damit kann man Dich nicht verletzen.
Deinen Gefühlen musst Du gleich den Verstand entgegensetzen.

Verdränge und vergesse einfach, dass in Dir auch so etwas wie Schmerz und Verletzung wohnt.
Dafür wirst Du ja mit Geld belohnt.

Verdränge und vergesse einfach, dass es seltsame Dinge gibt auf dieser Welt.
Die nicht der menschliche Verstand führt und lenkt.

Doch ich wünsche Dir, erkenne bitte Deinen wahren Wert.
Man kann nur glücklich sein und lieben,
wenn man sich selbst ganz annimmt und ehrt.

Kapitel 2

Wenn Liebe lebt

Für eigene Gedanken

Die Macht der Liebe

Die Macht der Liebe ist die stärkste unter allen,
sie hebt dich auf, bist du gefallen.

Sie nimmt dem Namen die Gewalt.
Und verleiht einem Geschöpf Gestalt.

Sie verwandelt und bewegt.
Sie begeistert und belebt.

Und doch wird ihr so oft Schmerz und Leid unterstellt.
Obwohl nur sie den Himmel aufhellt.

Alles andere hat nichts mit ihr zu tun.
Sie lässt uns wachsen und innerlich ruh´n.

Die Macht der Liebe will dich nie klein halten,
sie wird dein Leben neu gestalten.

Für eigene Gedanken

Ich liebe, ich lebe

Die Liebe, die ich fühle, öffnet mir die Augen.
Sie lässt mich an das Leben glauben.

Leicht und froh begleitet sie mich durch den Tag.
Es ist so neu, was ich denke, was ich sag.

Ich kann es kaum glauben, dass es so etwas gibt.
Das Gefühl, ich werd` vom Leben geliebt.

Ich denke an Dich und die Sonne strahlt heller.
Diese Weite, mein Herz schlägt irgendwie schneller.

Alle Zweifel sind einfach verschwunden.
Endlich die Liebende in mir gefunden.

Ich begrüße sie herzlich, gehe wie ein Kind auf sie zu.
Mit Vertrauen, mit Wärme, mit Hoffnung und Ruh´.

Durch Dich habe ich diese wunderbare Seite in mir entdeckt.
Mein Leben, meine Liebe wurde so zärtlich geweckt.

Ich liebe, ich lebe, ich gönne es mir.
Meine Gefühle stehen für meine Seele Spalier.

Für eigene Gedanken

Ich liebe Dich

Ich liebe Dich, wie ich noch nie im Leben geliebt habe.
So lieben zu können, das ist eine Gabe.

Ich liebe Dich, ohne Zweifel, ohne Worte, ohne Schuld.
Mit ganzem Herzen und mit viel Geduld.

Ich liebe Dich mit allem, was in Dir ist.
Auch wenn Dich einmal alle Welt vergisst.

Ich liebe Dich und bin entspannt, alles wird still,
weil ich nicht mehr dagegen ankämpfen will.

Ich liebe Dich und lasse es einfach zu.
Und in mir ist Harmonie und Ruh´.

Ich liebe Dich in allen Menschen, die mir begegnen.
Die mit mir lächeln, mich achten und mich damit so sehr segnen.

Für eigene Gedanken

Dimension Liebe

Liebe, wie könnte man sie beschreiben,
was soll sie uns auf dieser Welt zeigen?

Warum wird sie so oft missbraucht und in Frage gestellt,
für manche verloren, weil man ein Versprechen nicht hält?

Besitz und gebraucht werden hat gar nichts mit ihr zu tun.
Auch nicht finanzielle Sicherheit um sich auszuruh'n.

Ich wundere mich auch, wenn man sie lernen will.
Kennen lernen, sie zulassen, macht für mich mehr Sinn.

Denn man kann sie nicht manipulieren und erzwingen.
Ich hörte sie schon lachen, weinen, schimpfen und singen.

Spürte sie und dachte mein Herz sprudelt über vor Glück.
Erlebte mich und mein Gegenüber als gelungenes Meisterstück.

Denn sie erweitert unseren inneren Kern
und man hat plötzlich so viele Menschen so arg gern.

Und gerade eben wurde mir wieder etwas klar, über ihre Mission.
Ein neues Empfinden in einer unbeschreiblichen Dimension.

Es ist so schön, wenn man teilen darf, was man empfindet.
Unsere Liebe, die Menschen aller Nationen verbindet.

Für eigene Gedanken

Liebe lebt

Liebe, das ist für mich, wenn Du in meine Augen schaust.
Wenn Du mit mir lächelst
und mich an schweren Tagen aufbaust.

Liebe, das ist für mich, wenn ich in Deine Augen sehe
und diese Sprache gut verstehe.

Liebe, das sind Deine Hände, wenn sie mich berühren.
Deine wunderschönen Lippen, die mich zum Küssen verführen.

Liebe fühle ich, wenn Du an mich glaubst und mir das sagst.
Wenn Du mit mir einen Neuanfang wagst.

Liebe, das ist für mich, wenn Du zärtlich an mich denkst
und mir von Deiner wertvollen Zeit so viel schenkst.

Liebe ist, wenn ich Dich in meinen Tagträumen vor mir erkenne.
Mit so viel Zärtlichkeit Deinen Namen nenne.

Liebe spüre ich, weil ich mich bei Dir fallen lassen kann.
Wenn ich mir so sicher bin, Du bist der einzige Mann.

Liebe, das ist für mich, wenn ich in Deinen Armen ruh.
Liebe, das bist für mich einfach Du.

Diese Liebe ist ewig, weil wir füreinander geschaffen sind.
Ich liebe Dich, ich achte Dich und vertraue Dir blind.

Für eigene Gedanken

Meine Liebe zu Dir

Meine Liebe zu Dir lässt mich beben,
schenkt mir Freude, Spaß, Freiheit und Glück.
Meine Liebe zu Dir lässt mich leben,
sie gibt mir Lust und Neugier zurück.

Meine Liebe zu Dir lässt mich die Welt mit Kinderaugen seh´n.
Sie bringt mich zum Strahlen und Glänzen.
Meine Liebe zu Dir lässt mich ganz neue Wege geh´n.
Sie treibt mich voran ohne Grenzen.

Meine Liebe zu Dir macht mich so stark und auch weich.
Sie lässt mich träumen und fühlen.
Meine Liebe zu Dir macht mich glücklich und reich.
Sie kann mein tiefstes Gefühl aufwühlen.

Meine Liebe zu Dir ist einfach da.
Ich konnte es mir nicht immer erklären.
Meine Liebe zu Dir ist ehrlich und wahr.
Warum sollte ich sie mir verwehren?

Meine Liebe zu Dir begleitet nun mein Leben.
Sie lässt mich träumen und Sehnsucht spüren.
Meine Liebe zu Dir kann mir so viel geben.
Sie konnte mich zu mir in meine Heimat führen.

Für Leos 2006

Für eigene Gedanken

Seelenverwandt

Meine Liebe zu Dir überwindet Raum und Zeit.
Diese Sehnsucht aus der Ewigkeit.

Ohne Grenzen, Mauern und Pflichten,
die Sinne auf Glück, Lust und Liebe richten.

Meine Liebe zu Dir ist anders, als alles, was ich je gekannt.
Mit einem Wort „seelenverwandt".

Ich spüre und fühle Dich viele Kilometer entfernt
und meine Seele heilt und hat gelernt.

Meine Liebe zu Dir macht mich so leicht,
ich habe die Heimat erreicht.

Ganz tief in mir drin spüre ich: „Ich bin!"

Für eigene Gedanken

Einfach gut

Sie tut gut, die Liebe, die Du mir gibst.
Wie Du mich ansiehst, wie Du mich liebst.

Sie tut gut, die Stärke, mit der Du mich hälst.
Wie Du Deine Worte wählst.

Sie tut gut, die Wärme, die Du ausstrahlst und in Dir hast.
Wie Du mir zeigst, ich bin Dir wichtig und keine Last.

Sie tut gut, Deine Lebenserfahrung, Deine Begeisterung.
Wie Du mich behandelst mit Respekt und Achtung.

Sie tut gut, Deine wunderbare Zärtlichkeit.
Deine Berührungen tragen mich so leicht, so weit.

Sie tut gut, Deine Freude mir Geschenke zu machen.
Deine Gelassenheit, Dein Charme, Dein Lachen.

Sie tut gut, die Liebe, die ich in mir fühle für Dich.
So wunderbar, eine Erfüllung für mich.

Sie tun gut, die Gefühle, die wir uns geben können,
und das Glück, das wir uns gegenseitig gönnen.

Für eigene Gedanken

Traum von Liebe

Wenn Du mich lieben würdest, wie ich Dich liebe,
wären wir frei von allen Zwängen,
würden uns nie mehr in eine Rüstung drängen.
Unser Leben wäre voller Lust und Leichtigkeit,
mit so viel Liebe und Herzlichkeit.

Wenn Du mich lieben würdest, wie ich Dich liebe,
würde der Glanz unserer Augen Räume erhellen,
wir könnten uns unsere eigene Fantasiewelt erstellen.
Unsere Körper würden sich berühren
und jede Zelle in uns beben und vibrieren.

Wenn Du mich lieben würdest, wie ich Dich liebe,
dann würden wir jede Sekunde Zusammensein genießen
und unsere Energien würden magisch zusammenfließen.
Wären wir auch getrennt an vielen Tagen, gäbe es sehnsüchtige Stunden,
wir wären frei und doch immer in Liebe verbunden.

Da Du so etwas noch nie erlebt hast
und noch nicht einmal weißt, was Du verpasst,
gebe ich nun mir die Liebe,
die ich in jeder Zelle meines Körpers für Dich empfinde.
So kann ich uns lieben, ohne dass ich Dich binde.

Für eigene Gedanken

Überlassen

Menschen können sich ändern, ich glaube daran,
dass sich ein Mensch durch ein
tiefgründiges Erlebnis verändern kann.
Ich sollte nur warten und darauf hoffen,
dann stehen uns alle Türen offen.
Dir geht es nicht gut, ich fühle es doch.
Eingekerkert in ein kaltes, hoffnungsloses Loch.
Ich möchte Dich rausholen und mit meiner Liebe erwärmen.
Und gemeinsam mit Dir von einer heilen Welt schwärmen.
Es tut mir so weh, dass eine Macht Dich regiert.
Dein Herz so verhärtet und manipuliert.
Doch habe ich das Recht, für Dich zu denken?
Dich aufmuntern zu wollen und abzulenken?
Sollte ich wirklich verhindern und leiden,
um dadurch die Konfrontation mit Dir selbst zu vermeiden?
Steht es mir zu, mich einzumischen,
um Deine Seele aus dem Feuer zu fischen?
Kann ich durch dieses Feuer für Dich geh´n,
um Dich wirklich endlich glücklich zu seh´n?
Nein, dieses Recht steht mir nicht zu.
Du bestimmst über Dein Leben, ich lass Dich in Ru´h.
Denn Liebe bedauert nicht, kämpft nicht, sie ist frei.
Und eine höhere Macht schützt sie und somit uns zwei.

Verletzbarkeit

Ich fühle auch den, den Du in Dir verschlossen hast.
Kann empfinden, was der in seinem Kerker verpasst.
Ich spüre den Kampf, den Du nicht beenden willst,
weil Du damit noch immer Deine Vergeltung stillst.

Flucht vor Gefühlen, die so sehr schmerzen.
Abwehrraketen aufgestellt in Deinem Herzen.
Ich höre Deine Worte, die Deine Angst überspielen.
Auf alles, was Dich berühren will, blitzschnell zielen.

Stacheldraht gibt Dir ein Gefühl von Sicherheit.
Er schützt Dich vor zu viel Nähe und Geborgenheit.
Worte, wie Liebe, Zweisamkeit und Vertrauen,
könnten Dir Deine Ziele verbauen.

Doch die größte Angst hast Du vor Deiner Größe,
Deiner Macht und Deinem Können.
Du kannst Dir das Gefühl von Liebe, Freiheit
und Glück einfach nicht gönnen.

Abrüsten, die Waffen niederlegen.
Endlich mit Dir und Deiner Größe leben.
Deine Schwächen als geliebte Kinder zu sehen.
Mit ihnen durch die Realität zu gehen.

Sein Herz zu verlieren, zeigt oft erst, dass man eins hat.
Es macht neugierig, lebendig und auch satt.
Es kann auch mal wehtun, weil man sich öffnet und verletzbar scheint.
Viele denken, sie hätten schon einmal aus Liebe geweint.

Sie wird so oft missbraucht, sogar um sie gekämpft.
Ihre Wirkung wird durch so viele Missverständnisse gedämpft.
Doch legen wir die Waffen nieder und lassen diese Macht gewähren.
Fühlen, empfinden, zulassen anstatt erklären.

Liebe lässt sich nicht in Worte fassen.
Wir sollten sie einfach gewähren lassen.
Denn gerade unter diesem Mantel der Verletzbarkeit,
sitzt sie mit aller Herzlichkeit.

Sie macht stark, ruhig und zufrieden
Und, wie hast Du Dich entschieden?

Für eigene Gedanken

Zweifel

Wenn es Liebe ist, warum tut sie dann so weh?
Warum gibt es so Vieles, was ich nicht versteh´?

Wenn es Liebe ist, warum schau ich Dir nicht in die Augen?
Warum kann ich Deinen Worten so oft nicht glauben?

Wenn es Liebe ist, warum ist dann alles so schwer?
Warum setze ich mich gegen meine Gefühle zur Wehr?

Wenn es Liebe ist, warum zweifle ich an mir und meinem Empfinden?
Muss ich mich zum Loslassen überwinden?

Wenn es Liebe ist, dann wird Gott sie lenken
und er wird mir dieses Wunder schenken.

Für eigene Gedanken

Zwei Seelen

Zwei Seelen möchten zusammen sein,
doch das Ego schaltet sich blitzschnell ein.

Lasse es nicht zu, Du weißt, was Deine Pflicht ist.
Ich programmiere es tief ein, damit Du es nie vergisst.

Zwei Seelen sind einsam und unzufrieden,
das Ego bestimmt, Glück wird gemieden.

Du hast doch hier alles, sagt es zu Dir.
Ein Versprechen gegeben, sogar auf Papier.

Zwei Seelen werden krank und wissen nicht warum,
der Verstand sagt, bleib stark, auch diese schwere Zeit geht um.

Zwei Seelen sterben, ganz langsam und leise,
sie gehen ohne Verstand nun auf eine ganz lange Reise.

Neu erwacht mit vielen Erfahrungen, werden sie sich irgendwann
wieder finden
und können dann mir ihrer großen Liebe alle Hürden überwinden.

Das Ego hat nun alle Macht verloren,
eine Beziehung mit Selbstwert wird geboren.

Kapitel 3

Die Reise zur Selbstliebe

Aber

Ich bin schon glücklich und zufrieden, ABER
Was soll dieses unnötige Gelaber?

Wärst du es wirklich, würde es kein ABER geben.
Und Du müsstest nicht mit dem darauffolgenden Satz alles aufheben.

Z.B. ich möchte Dir ja nicht weh tun, ABER es gibt etwas, was mich an
Dir stört
Wisst Ihr, was da der Angesprochene nur hört?

Den zweiten Teil des Satzes, nämlich etwas an ihm ist nicht recht.
Und von dem vielen Schleim wird ihm eher schlecht.

Wenn man sich beobachtet wie oft man.....ABER..... verwendet.
Und der Satz dann mit einer knallharten Aussage endet,

wird einem schnell bewusst und man kapiert,
dass so manches Wort sogar unsere eigene Empfindungen manipuliert.

Wie oft hat man das Gefühl, man wird ausgesaugt.
Man fühlt sich leer, fertig und ausgelaugt.

Und kurz danach stellt man ABER sofort wieder alle Empfindungen in
Frage....
Ich bin zwar immer da, ABER das ist doch für mich keine Plage.

Beobachtete Dich einfach mal dabei.
Wann ist Dein Handeln wirklich leicht und frei?

Nur dann, wenn wir zu uns und unseren Gefühlen stehen,
können wir beispielhaft vorangehen.

Kein .....ABER...... ist mehr nötig dann.......
Und wann fängt bei Dir die Selbstliebe, ohne WENN und ABER, an?

Für eigene Gedanken

Alles was verletzt

Alles was verletzt, hat nichts mit Liebe zu tun.
Liebe lässt uns durchatmen und innerlich ruh´n.
Als Kind haben wir uns ein Bild davon gemacht,
wie die Liebe mit uns strahlt und lacht,
wenn wir uns dementsprechend verhalten.
Sonst könnte dieses Gefühl ganz schnell erkalten.
Und genau dieses Muster behalten wir auch später bei.
So werden wir zu Marionetten .... völlig unfrei.
Wir überlassen den anderen die Verantwortung für unser Glück
und glauben wir geben doch dafür so viel zurück.
Doch wenn ich nicht empfangen kann,
wo kommen dann die Geschenke des Himmels an?
Die, die wir zu Göttern machen, können oft gar nichts dafür.
Sie sind überfordert mit dieser Art Hingabe von Dir.
Weil es in Wirklichkeit gar keine ist,
sondern alte Bedürfnisse, die man als Kind hatte und unerfüllt vergisst.
Du hast so viel Liebe in Dir verschlossen, weißt Du warum?
Weil Du verletzt und abgewiesen wurdest, und Du warst noch sehr jung.
Gib Dir jetzt die Zeit und Zuneigung, die Du wirklich verdient hast.
Und fühle, wie wundervoll Du bist und was Du alles in Dir hast.
Genieße und verwöhne Dich mit all Deinen Sinnen.
Das wird Dir Liebe, Erfolg und Gesundheit bringen.

Für eigene Gedanken

Auch ich gehe durch Tunnel

Auch ich gehe manchmal durch einen Tunnel, der nicht enden will.
Habe das Gefühl, ich bin im falschen Film, die Zeit steht still.
Durchlaufe Prozesse, die ich in diesen Momenten noch nicht ganz versteh´,
weil ich mir fremd bin, mich nicht erreich´ und nicht klar seh´.
Wichtig ist, wie kann ich mich in dieser Zeit begleiten.
Möchte ich diese Energie am liebsten abgeben, einem andern weiterleiten.
Weil ich mein Umfeld dafür verantwortlich mache,
wenn mein Sonnenstrahl erlischt und ich nicht mehr lache.
Oder ist es mir bewusst, dass es eine kostenlose Ausbildung sein kann,
nehme ich mich in diesem Emotionschaos ganz und gar an.
Steh ich mit mir inmitten der Finsternis und rufe ....ja ich will leben.
Konnte mir bis jetzt immer wieder meine Lebenslust
und Menschenliebe zurückgeben.
Mittlerweile schenke ich mir die nötige Zeit
und die erworbene Erkenntnis dazu.
Das gibt mir Sicherheit, so viel Vertrauen und meine innere Ruh.
Jeder, der meint, er könne es nicht so schaffen, sollte bedenken,
wie oft konntest Du Dein Leben schon so positiv lenken?
Manchmal haben Dich andere Menschen unterstützt mit ihrer Anwesen-
heit.
Doch Du hast es geschafft mit Deinem Einsatz,
Deiner Stärke und Deiner Wahrheit.
Lasse uns feiern, dass es uns gibt und dass wir dieses Leben haben.
Uns annehmen mit all unseren Schatten, jedoch auch mit all unseren
Gaben.
Die verstecken sich oft hinter dem, was wir Krisen nennen.
Haben wir wieder eine Lektion durch, lernen wir sie fröhlich kennen.

Für eigene Gedanken

Augenblicke

Es gibt Augenblicke in meinem Leben,
da kann mir ein Gespräch so viel geben.

In manchen Momenten möchte ich einfach nur sein.
Ganz mit mir und in mir, mit meinen Gedanken allein.

Auch kenne ich das Gefühl von Traurigkeit, kann es so sogar genießen.
Es dürfen ruhig auch Tränen fließen.

Wichtig ist, dass ich mittlerweile zu allen Gedanken und Taten steh´.
Mich begleite und bewusst durch dieses Geschenk ...LEBEN..... geh´.

Das größte Abenteuer ist der ureigene Weg nach Hause.
Ich habe Zeit...bin interessiert..... gönne mir öfter eine Pause.

Danke, an alle die mich begleiten, wann immer mir danach ist.
Ich fühle mich Euch so verbunden und möchte, dass Ihr das wisst.

Für eigene Gedanken

Ausbruch

Lasst uns ausbrechen aus dieser Normalität,
irgendetwas zeigt uns, es ist nicht zu spät.
Entweder ein Gefühl, das gelebt werden will,
oder eine Krankheit, die uns einnimmt, ganz unbemerkt und still.
Lasst uns dieses Abenteuer wagen,
wir durchbrechen diese Scheinfassaden.
Gehen neue Wege, obwohl wir nicht wissen, wohin sie uns führen.
Bist Du bereit dieses Wagnis zu riskieren.
Hinter unserer Angepasstheit sitzt so viel Angst und Schuld.
Deshalb üben wir uns in Opferhaltung und aufgesetzter Geduld.
Und können dann nicht verstehen,
wie andere Menschen mit uns umgehen.
Lasst uns das menschliche Zoogehege verlassen.
Es geht leichter, wenn wir uns dabei an die eigene Nase fassen.
Denn nicht andere haben uns in diese Rolle gebracht.
Wir haben hinter unserem Schutz das alles doch angeblich gerne ge-
macht.
Denn dahinter haben wir uns mit Sicherheit verbunden,
und uns lieber mit der Routine abgefunden.
Und das alles nur, um uns zurückzuhalten,
und unser Glück und unser Dasein nicht selbst zu verwalten.
Mache Dich zum Zoodirektor Deiner zauberhaften Vielfalt in Dir.
Verwandle die Gehege in ein Paradies für Mensch und Tier.
Das Tierische braucht genau so Deine Annahme und Lust,
wie das menschliche in Dir, mache Dir das bewusst.
Nach unserem Ausbruch wird es zwar keinen Zoo mehr in uns geben.
Dafür Freiheit, Wildheit, Genuss, und so viel Lust auf LEBEN.

Für eigene Gedanken

Das alles gehört zu mir

Jedes Gefühl in mir hat eine Berechtigung und einen Sinn
Auch Wut, Schmerz, Traurigkeit sehe ich als Gewinn.

Ich beobachte und begleite mich dabei, wie ich reagiere,
ob ich auch Neuanfänge und Wagnisse riskiere.

Wenn ich mich ruhig und nachdenklich erlebe,
oder im siebten Himmel schwebe:

Ich bin bei mir, spüre mich und lasse zu.
Das ist ein Gefühl von unbeschreiblicher Ruh´.

Denn ich muss nichts erklären oder bekämpfen,
nein, keine Emotionen mehr dämpfen.

Ich darf sein, die Erlaubnis gebe ich mir.
Und ich habe Geduld, bis ich alles kapier.

Ich nehme mich manchmal in die Arme und tröste mich.
Trete mir auch in den Hintern, wenn es förderlich.

Und weiß eins und das ist ganz klar.
Für mich bin ich über den Tod hinaus da.

Und das befreit die Menschen, die ich liebe und die mir das gönnen,
weil sie mich nicht glücklich machen müssen, aber es so leicht können.

Denn darf ich diese Liebe in mir mit anderen teilen,
kann sie in all unseren Herzen mit Annahme verweilen.

Für eigene Gedanken

Das Leben auskosten

Mein Leben auszukosten, heißt nicht, dass mir alles schmeckt.
Es passiert, dass mir so mancher Bissen länger im Halse steckt.
Mein Leben zu würdigen, heißt nicht, dass ich alle Menschen lieben muss.
Immer gutgelaunt mit Umarmung und Kuss.
Stets wieder bei mir anzukommen, nach manch schweren Stunden.
Auch nach Niederlagen und Tiefs, wieder zu mir gefunden.
Zu wissen, dass ich immer bei mir bin,
mir treu bleibe, gab meinem Leben Sinn.
Denn nur, was ich mir selber gebe,
welche Überzeugungen ich wirklich lebe,
Das kommt auch ehrlich rüber und echt.
Ich bin mit allen Schatten und Fehlern recht.
Und genau das bist Du auch, Du musst kein Stückchen besser sein.
Steh´ zu Dir bei Regen und bei Sonnenschein.
Wir sind viel stärker, als wir je dachten,
als wir noch über unsere Schwächen wachten.
Die Liebe sprudelt dann grad so aus unseren Herzen.
Sie vertreibt alle Zweifel, Trauer und Schmerzen.
Denn sie ist die stärkste Macht
und ich weiß, der liebe Gott lacht.
Denn er schenkte uns dieses Leben.
Und hat uns damit die Freiheit gegeben,
dass wir das Beste daraus machen, was wir können.
Das kann ich aus ganzem Herzen jedem gönnen.

Die Hölle der Abhängigkeit

Als Erwachsene geboren, die Kindheit auf der Strecke geblieben,
ohne Vertrauen, nie gelernt, was es heißt, unbeschwert zu lieben.
Aus Solidarität zu Mama verachtete ich den,
den man meinen Vater nannte,
obwohl ich ihn selbst gar nicht wirklich kannte.
Er war ja nie da, lebte sein eigenes Leben,
hatte Mama und uns Kindern nie etwas Gutes gegeben.
Wir waren ihm nie wichtig,
er hat die Verantwortung für uns nie übernommen.
Mamas traurige Karriere als Trinkerin hat begonnen.
Ich war nun ihr Partner, ihr Retter, ihr Ersatz wie ich find.
Doch in Wirklichkeit war ich selbst noch so hilflos, ein verletztes Kind.
Kinderaugen haben so viel Schlimmes geseh'n.
Kinderohren konnten dieses elende Wimmern doch noch gar nicht
versteh'n.
Kindernase musste diesen Geruch aufnehmen.
Kinderschulter konnte sich nie vertrauensvoll anlehnen.
Kinderherz wollte eine glückliche Mama haben.
Es nicht zu schaffen hinterließ tiefe Narben.
Die Mama nie verlassen, ihr treu ergeben.
Viele Menschen verschwanden aus unserem Leben.
Konnte es sehr gut verstehen.
Wollte das Elend manchmal auch nicht mehr sehen.
Dann als junge Frau bestimmte Männer angezogen.
Das vertraute Muster: Alkohol, Schwäche und betrogen.
Sehnsucht nach Liebe, Vertrauen und Fröhlichkeit.
Die Realität war viel Arbeit, Unverständnis und Streit.
Irgendwann selbst Mama, die große Ängste plagen.
Können mich meine Kinder ertragen?
Bin ich eine gute Mutter, kann ich Liebe geben?

Ja, denn ich habe mein eigenes Leben.
Ich darf mir sehr dankbar sein und mich ehren.
Und sollte mich nicht mehr gegen die Geschenke des Himmels wehren.
Ich bin ein Rohdiamant, der geschliffen wurde, unzählige Stunden.
Viel zu lange mit Opferrolle, Leid und Schmerz verbunden.
Jetzt ist es Zeit, ihn strahlen zu lassen.
Das Leben, die Liebe und das Glück nicht zu verpassen.
Ich mache es mir schön, genieße mich und mein Leben.
Kann meinen Kindern nichts Schöneres geben.
Bin mir nun die Eltern, die mich lieben und seh´n.
Die mich unterstützen, fördern und versteh´n.
Nehme mich in die Arme und bleibe mir treu.
Und schreibe das Drehbuch meines Lebens neu.

Für eigene Gedanken

Die Reise zu mehr Menschlichkeit

Wir werden etwas wandeln auf dieser Welt, davon bin ich überzeugt,
ohne, dass sich einer von uns als Opfer fühlt und beugt.

Unsere Begeisterung wird viele Menschen mitreisen.
Und unsere Liebe wird uns und anderen den Weg weisen.

Wir werden noch so viel Außergewöhnliches erleben,
weil wir gemeinsam Starre und Steine bewegen.

Wir werden berühren, ohne jemanden anzufassen.
Und leider müssen wir auch Menschen zurücklassen.

Nur wer freiwillig dabei sein will, ist wirklich da.
Egal wie weit entfernt, wir fühlen uns so nah.

Denn diese Liebe in uns darf sich bald ganz entfalten.
Und wir werden unser Leben mit Respekt und Freude gestalten.

Jeder Einzelne von uns hat eine bestimmte Gabe dafür.
Und gemeinsam öffnet sich uns so manche verschlossene Tür.

Warum noch warten, jetzt ist der beste Augenblick.
Los geht die Reise zu mehr Menschlichkeit, Liebe und Glück.

Für eigene Gedanken

Dieser Weg

Dieser Weg muss kein leichter sein,
ich lasse mich auf jede Herausforderung ein.

Jedoch darf mich das Leben auch gerne beschenken
und Liebe, Glück und Erfolg meine Wege lenken.

Dieser, mein ureigener Weg, muss nicht weich mit Rasen bedeckt sein.
Ich bin beweglich und gehe auch über Stock und Stein...

Doch darf er durchaus meine Füße mit Zärtlichkeit berühren.
Ich lasse mich gerne zu Leichtigkeit und Vertrauen verführen.

Der für mich vorgesehene Weg muss nicht in einer Traumwelt enden.
Ich werde auch in der Realität keine meiner kostbaren Zeit verschwenden.

Denn jede Sekunde, ob sie glücklich ist oder auch mal traurig,
zufrieden, gelassen oder einfach nur schaurig...

Für mich ist sie ein Geschenk, gefühlt und durchlebt mit all meinen
Sinnen.
Führen meine Wege reinigend durch Wasser, bin ich bereit zu schwimmen.

Was ich mir manchmal wünsche, muss nicht in Erfüllung geh'n.
Gott weiß, was ich brauche und ich werde zu meiner Bestimmung
steh'n.

Ich freue mich auf die vielen verschiedenen Erfahrungen, die mir auf
meinem Weg begegnen.
Doch am meisten auf diese zauberhaften Menschen,
aller Nationen, die mich mit ihrer Liebe und ihrem Dasein segnen.

Für eigene Gedanken

Dornröschen erwach

Erwache aus dem Dornröschenschlaf und küsse Dich selbst ganz zart.
Warte nicht mehr, bis ein anderer das tut, komm endlich in Fahrt.

Welche Fee meinte, Du sollst 100 Jahre schlafen und ruh´n.
Es wird Zeit Dein Leben anzunehmen und was zu tun ist zu tun.

Es ist zu kurz, um im Märchentraum schlafend abzuwarten.
Steh auf, Du hast die Chance, alles zu erreichen und durchzustarten.

Du musst nur daran glauben, wenn jemand es wirklich gut mit Dir
meint.
Will er, dass Du Dich liebst und die Sonne auch für Dich täglich scheint.

Schlafend kannst Du zwar auch keine Fehler machen,
aber auch nicht staunen, singen, tanzen, küssen und lachen.

Das wäre wirklich so schade, denn Du bist einmalig und wunderbar.
Und mit dieser Gestalt und mit diesen Fähigkeiten nur einmal da.

Verschlafe nicht eine Zeit voller Wunder und lebe dein Leben.
Dein Erwachen und Deine Liebe können die ganze Welt bewegen.

Für eigene Gedanken

Du bist zauberhaft und liebenswert

Du bist zauberhaft und liebenswert, egal welche Empfindungen
Dich grad plagen.
Du darfst den Gedanken daran endlich wagen.

Ein wundervoller Mensch, mit allem in Dir, was da pulsiert.
Für den es das Wichtigste ist, er wird von Dir akzeptiert.

Du bist einmalig und damit ein Geschenk für die Welt.
Wage es und finde heraus, was Dich erfüllt und was Dir gefällt.

Für Deine Lebensaufgabe musst Du gar nichts vom Leben aufgeben.
Im Gegenteil, Dich mit Deiner wunderbaren Vielfalt annehmen.

Dann kannst Du ganz tief und neu empfinden
und Zweifel und Ängste werden immer öfter verschwinden.

Denn Du, mit deiner großen Liebe wirst so viel verwandeln.
Und Dein neues Lebensmotto heißt dann...... Ich kann und werde handeln.

Manche Wegbegleiter lässt Du los, doch viele werden Dir begegnen,
die so froh sind, dass es einen Menschen wie Dich gibt und Dich segnen.

Denkst Du dann zurück an die jetzige Zeit, wird Dir klar.....
alles was ich jetzt endlich lebe, war schon immer da.

Irgendwann hörst Du eine begeisterte Stimme in Dir drin.
Dein inneres Kind ruft, ich bin so froh, dass ich endlich in Dir zuhause bin.

Einfach mal darüber nachdenken......

Wir müssen reden sagen die Beschwerden,
und sie wollen gehört werden.

Sogar der Schnupfen will es wagen...
ich habe die Nase voll, will er Dir sagen.

Weint die Seele und wird einfach ignoriert,
tut die Blase weh, bis man es endlich kapiert.

Die Hals- und Brustwirbel können besonders schmerzen.
Was sitzt da im Nacken oder auf dem Herzen?

Magen-Darm drückt sich aus, auch manchmal eklig und unbequem.
Es geht mir beschissen, könnte kotzen und bin nicht mehr angenehm.

Die Sehkraft läßt nach und dabei wollte sie uns so viel zeigen.
Doch was will man nicht sehen um schmerzliche Gefühle zu vermeiden?

Das Herz rebelliert, es stolpert und ist schwach?
Oder es macht Dir Angst klopft und hält Dich wach?

Wo willst Du besser sein, als Du bist?
Es ist der Alltag, in dem Du Dich und Deine Bedürfnisse vergisst.

Der untere Rücken will dich nicht quälen,
er möchte nur mehr Leichtigkeit wählen.

Verneige Dich vor Deinen Wurzeln und Deiner Vergangenheit.
Raus aus der Opferrolle, anstatt Vergeltung jetzt Klarheit.

Die Zähne, auch sie können Dir sehr auf die Nerven geh´n.
willst Du ihre Botschaft nicht versteh´n.

Konntest Du Dich bis jetzt durchbeißen,
oder musstest Du Dich immer artig zusammenreißen?

Die Arme und Schulter...mein Gott, wie beanspruchen wir sie,
als hätten wir darauf ein Leben lang Garantie.

Und wenn sie mal streiken und rebellieren,
wie versuchst Du sie dann schnellst möglich zu kurieren?

Unsere Füße, sie müssen uns tragen egal wie schwer wir sind.
Es wird selbstverständlich, denn das Laufen lernen wir schon als Kind

Doch streiken sie dann mal, sollten wir uns fragen,
welchen nächsten Schritt haben wir Angst zu wagen?

Eine ansteckende Krankheit will sagen bleibt alle fern...
ich brauche mal Zeit für mich....doch ich helfe so gern.

Du bist ein Geschenk, das wichtigste, was es für Dich gibt,
geh sorgsam mit Dir um und zeige jeder Zelle von Dir, sie wird geliebt.

Für eigene Gedanken

Enttäuschung

Enttäuschung.... eine Täuschung wird von Dir genommen.
Nach dem ersten Schmerz, stellst Du fest, Du hast an Klarheit gewonnen.
Natürlich bist Du erst einmal traurig, trauerst und ziehst Dich zurück.
Schwörst Dir.....das nächste Mal erkenne ich den Schein auf den ersten Blick.
Und doch ist es immer eine Ausbildung des Lebens;
keine dieser Erfahrungen war vergebens........
Im Gegenteil, wirst Du Dir über Dich immer klarer und bewusst....
Erkennst, nimmst Dich an, mit allem in Dir, Freude und Lust,
dann kann Dir das nie mehr jemand nehmen und Dich zum Zweifeln bringen.
Nun wird ein neues Leben mit Selbstliebe und in Wahrheit beginnen.
Alles was man aus vergangenen Fehlern gelernt hat,
macht endlich diese unnötigen Schuldgefühle und Schuldzuweisungen platt.
Denn das fruchtbarste und erfüllteste Leben hast Du verdient, lass es zu.
Das Wertvollste was Du hast bist immer DU......

Für eigene Gedanken

Ich tue mir gut

Wann fühlt sich ein Mensch von mir geliebt und verstanden?
Wenn ich glücklich bin, trotz meiner und seiner Ecken und Kanten.

Weil dieser Mensch in meinem Lachen entdecken kann.
Er tut mir gerade sehr gut, ob Kind, Frau oder Mann.

Egal, wo wir uns in diesem Moment befinden, wo wir grad zusammen
sind.
Ich fühle mich und vertrau´ meinen Empfindungen blind.

Zeige und lebe sie mit viel Lust, Toleranz und Respekt.
Und diese Liebe in uns, haben wir uns gegenseitig geweckt.

Denn ich bin ein Geschenk des Himmels und nehme das dankbar an.
Und kann Dir damit zeigen, wie wertvoll Deine Nähe für mich sein kann.

Denn auch, wenn ich alleine nicht einsam bin,
Menschen geben meinem Leben einen ganz tiefen Sinn.

Und weil wir wissen, wie gut es tut, gut tun zu können,
sollten wir das auch unserem Gegenüber gönnen.

Empfangen, danken und zulassen, dass sie uns lieben.
Dann kann die Macht der Liebe fließen und siegen.

Für eigene Gedanken

Jeder Morgen ein Neubeginn

Jeder Morgen ist auch ein Neubeginn
alle Erfahrungen geben im Nachhinein einen Sinn.
Damit es ein Tag voller Wunder werden kann.
Fang ihn mit Selbstliebe und Wertschätzung an.
Du bist es wert geliebt zu werden.
Auch von Dir mit allen Fehlern und Beschwerden.
Denn nur, wenn Du Dich selbst liebst
und Dir die Dankbarkeit und Anerkennung gibst,
können dies auch andere Dir geben.
Liebe, Glück, innere Zufriedenheit und Erfolg erfüllen dann Dein Leben.

Lasse den Schmerz los

Lasse den Schmerz los, den Du Dir von anderen Menschen auferlegt hast.
Erst dann kannst Du fühlen, was Du dadurch alles verpasst.

Dem Anderen hilft es nicht, wenn Du seinen Schmerz tragen willst.
Und dadurch Deine Schuldgefühle stillst.

Lass Deine Angst los, die mittlerweile gar nicht mehr zu Deiner
Entwicklung gehört.
Die Dich zurückhält, Dich klein macht und Dein Vorangehen stört.

Lasse Dein schlechtes Gewissen los und stehe zu dem was Du tust.
Du bist nicht faul, nur weil Du Dich entspannst und ausruhst.

Kannst Du andere enttäuschen um Dir treu zu bleiben?
Oder muss Dir erst eine Krankheit Deine Grenzen zeigen?

Lass Menschen los, die nicht freiwillig bei Dir sein wollen.
Du darfst traurig sein, Wut haben und grollen.

Alles was Du fühlst in der Zeit des Loslassens ist erlaubt.
Wurdest Du doch Deiner Träume und Vorstellungen beraubt.

Begleite Dich so liebevoll, als wärst du Deine bester Freund, Deine beste
Freundin.
Dadurch bekommt auch diese schwere Zeit im Nachhinein einen Sinn.

Den kannst Du in diesem Gefühlschaos noch nicht erkennen.
Und doch wirst Du ihn später einen wichtigen Lebensabschnitt nennen.

Dann wirst Du belohnt mit neuen Erkenntnissen und Gefühlen,
die Dich glücklich machen und angenehm aufwühlen.

Endlich kannst Du diesem neuen Partner in Dir immer mehr vertrauen.
Und Ihr könnt Euch eine Zukunft voller Zufriedenheit, Erfolg und Liebe
aufbauen.

Für eigene Gedanken

154

Lassen wir Kinder doch Kinder sein

Lassen wir Kinder doch Kinder sein,
und wir stellen uns aufs Erwachsenwerden ein.

Das heißt nicht, dass wir nicht mehr vertrauen dürfen wie ein Kind,
durch die Pfützen springen oder Drachen steigen lassen im Wind.

Das heißt einfach, wir nehmen uns in der jetzigen Entwicklung an.
Dazu steh´n, wie man ist und was man schon kann.

Loslassen, bei den Kindern alles besser machen zu wollen,
und aufhören, dass sie die Jugendträume verwirklichen sollen.

Hätten unsere Eltern nicht gehandelt, wie sie es taten
und hätten immer erfüllt, um was wir sie baten,

wären wir heute nicht die, die wir sind und noch werden.
Denn gerade diese Erfahrungen prägen und stärken.

Interpretiere nicht in Kinder Deine eigenen Kindheitsverletzungen hinein,
sondern fühle, dass es Deine sind und wenn Du weinen musst, dann wein.

Schuldgefühle haben nichts zwischen Eltern und Kindern zu suchen
Du bist doch Mensch, die dürfen schlechte Laune haben,
mal schimpfen und fluchen.

Sich selbst respektieren, achten, lieben und zu allen Gefühlen steh´n.
Und in jedem Kind dieses einzigartige Geschöpf zu seh´n,

das es verdient hat geliebt zu werden, so wie es ist, in seiner Vielfältigkeit.
Von uns Erwachsenen mit ganz viel Freude, Liebe und Ehrlichkeit.

Für eigene Gedanken

Man sollte nicht alles wörtlich nehmen

Wenn es jemandem nach seiner Aussage blendend geht,
könnte es dann auch sein, er lässt sich blenden?
Wenn jemand den Sinn seiner Lebensaufgabe nicht versteht,
hat er vielleicht Angst, sein Leben würde dadurch enden.

Denn dieses Wort Aufgabe hat eine doppelte Bedeutung wie wir wissen.
Und sein Leben für die Erfüllung aufzugeben, wäre nicht der Weg.
Nein, um seine Berufung zu leben, müssen wir nichts missen.
Sondern uns trauen, hinauf auf den ureigenen Lebenslaufsteg.

Meinen manche, sie müssten immer noch das Kreuz tragen?
Und sie bekommen dann Schmerzen auf dem selbigen.
Oder darf man sich auf einer Kreuzung in jede Richtung wagen
und kann sich mit dem Herzen in allen Sprachen verständigen?

Es ist gut, Kinder mit Knete spielen zu lassen.
Damit können sie mit den Händen verarbeiten, was sie geistig aufnehmen.
Doch Erwachsene können sich wegen Knete sogar hassen.
Denn es ist etwas anderes, wonach sie sich sehnen.

Ein Ring kann für zwei Menschen etwas Verbindendes sein.
Auch kann er unsere Finger wunderschön schmücken.
Andere finden sich darauf zum Boxen ein.
und die deutsche Sprache hat ihre Tücken.

Für eigene Gedanken

Masken

Irgendwann habe ich eine Maske abgenommen und war froh.
Ich mochte mich auch so.
Dann nahm ich wieder mal eine Maske ab, und siehe da,
ich fühlte mich auch ohne, mir ganz nah.
Nach einiger Zeit.....die nächste Maske fiel,
ganz von allein, es war nicht mein Ziel.
Und wieder brauchte ich Zeit für den nächsten Schritt.
Und irgendwann bekam es auch mein Umfeld mit.
Dachte ich doch vorher, ich würde diese Masken brauchen,
als Schutz, oder wie so mancher das Rauchen.....
um angenommen und geliebt zu werden,
mit allen Lastern, Fehlern und Beschwerden.
Stelle ich jetzt fest, ich werde geliebt, geachtet und respektiert,
seit ich mich ohne Masken ganz angenommen und akzeptiert.

Für eigene Gedanken

Menschen

Es wird immer Menschen geben, die wir trotz Bemühen nicht versteh´n.
Bei denen wir hilflos, wie vor einer Mauer steh´n.
Es wird immer Menschen geben, die gar nicht verstanden werden wollen,
weil wir sie in ihrer Verletzung und Vergeltung in Ruhe lassen sollen.
Ein mancher braucht es, weil ihm irgendwann Unrecht geschah,
und jeder in seiner Kindheit nicht zuhörte und einfach weg sah.
Es wird immer Menschen geben, denen fällt das vertrauen schwer.
Dann misstrauen sie auch Dir und stellen sich quer.
Es wird immer Menschen geben, die werden Dich verlassen.
Trotz, dass Du sie liebst und Du kannst es nicht fassen.
Sie haben eine so große Angst vor Liebe und Bindung.
Jede, für Dich leichte Geste der Liebe, kostet sie Überwindung.
Es wird immer Menschen geben, die sich selbst zerstören,
weil sie lieber auf ihr Ego als auf ihr Gefühl hören.
Es wird immer Menschen geben, die uns spiegeln, wo wir noch leiden.
Und echte Verbindung, Glück, Erfolg und Liebe meiden.
Gerade durch sie können wir so viel erkennen,
die ganzen Blockaden, die uns noch von uns selber trennen.
Es wird immer Menschen geben, die genau auf Dich warten.
Um mit Dir Zeit zu verbringen, mit Dir durchzustarten.
Es wird immer Menschen geben, die Dich lieben, einfach so.
Dieses Gefühl macht Dich leicht, zufrieden und froh.
Menschen....... wundervoll, einzigartig und zauberhaft,
vielfältig, liebenswert mit so viel Wärme und Kraft.

Menschen reagieren

Menschen reagieren und das ist gesund,
denn es macht krank, hält man immer betroffen den Mund.

Es kann viel schlimmer sein, dem anderen still zu demonstrieren....
Du hast mir weh getan und dafür werde ich Dich jetzt ignorieren.

Das Leiden Christi Gesicht zu zeigen und zu schmollen.
Erhaben dem anderen zuzusehen beim Schimpfen und Grollen.

Und dann vielleicht noch einen ganz intelligenten Satz:
„Auf dieses Niveau lass ich mich nicht hinab, mein Schatz"...

Wie schade, dass in so einem Moment das Ego siegt.
Dass man einen Machtkampf ausübt mit Menschen, die man doch liebt.

Wir leben in einer Prüfungszeit, in der wir erfahren.
Nur was aus Liebe geschieht, können wir uns bewahren.

Wie wäre es, Schuld und Schuldzuweisungen loszulassen,
um eine neue Stufe der Partnerschaft nicht zu verpassen.

Sich selbst zu achten, zu lieben und zu versteh´n.
Und diesen Spiegel dann in den Augen des Partners seh´n.

Vielleicht wurde es von den Eltern nie so vorgelebt,
doch genau das ist es, was in Zukunft die Menschen bewegt.

Sie sehnen sich nach Liebe, Glück und innerem Frieden
und genau das wird uns hier auf Erden dann beschieden.

Mensch sein und Mensch sein lassen....
Ich möchte diese Zeit voller Wunder nicht verpassen.

Für eigene Gedanken

Mit den Augen der Liebe

Freunde Dich mit dem Gedanken an,
dass man Dich, mit allem in Dir, lieben kann.

Denn Du bist genau so recht, wie Du bist.
Schade, dass Du das immer wieder vergisst.

Lass es los über Dich zu urteilen.
Es kann wunderschön sein mit Dir zu verweilen.

Zu wissen, Du bist das Wichtigste für Dich,
macht Dich anziehend für einen Menschen wie mich.

Denn nur, wenn Du Dich achtest und verstehst
und mit Dir liebevoll und ehrlich umgehst,

bekommst Du diese Geschenke von anderen zurück.
Jeder erkennt in Deinem strahlenden Blick.

Du möchtest mit Dir sein und nimmst Dein Leben an.
Und ziehst von nun an mit Deinen inneren Kindern an einem Strang.

Was könnt Ihr dadurch auf dieser Welt bewegen?
Bewirken, dass andere auch gerne ihren alten Schmerz ablegen.

Weil Ihr es vorlebt, wie es sich entwickeln darf und welche Wunder
gescheh'n.
Kann sich jeder endlich selbst mit den Augen der Liebe seh'n.......

Für eigene Gedanken

Nimm Dich in den Arm

Natürlich hat jeden von uns seine Vergangenheit geprägt und auch erzogen,
So mancher wurde gelegentlich manipuliert und verbogen.

Denk einfach mal darüber nach, ...was hast Du alles geschafft?
Dich bei den größten Niederlagen immer wieder aufgerafft.

Das hat Dich zu dem gemacht, was Du heute bist.
Das Leben wird es Dir danken, wenn Du dich nicht vergisst.

Nehme Dich heute in den Arm und freue Dich, dass Du Dich hast.
Sei sicher, dass Du mit dieser neuen Erkenntnis, keine Freude mehr verpasst.

Rebellion

Was ist los, was rebelliert in mir?
Es bebt, es schreit, ganz ohne Manier.
Ich fühle mal wieder Ungerechtigkeit.
Aber zugleich diese unbändige Angst vor Streit.
Deshalb will ich vermitteln, verhandeln und Ruhe reinbringen.
Doch heute will mir das nicht gelingen.
Vielleicht soll es auch nicht so einfach sein.
Auf meinem Herz sitzt gerade ein riesiger Stein.
Worte die stechen wie ein Messer.
Was soll ich entgegnen, der andere weiß es besser.
Soll ich flüchten vor meiner Wut die aufsteigt.
Was ist es, was dann noch von mir übrigbleibt?
Soll ich nachgeben und die Schuld bei mir suchen?
So oft habe ich das getan, ich könnte fluchen.
Keiner hat Schuld, wir alle machen Fehler, sag ich mir.
Was ist los, dass ich diese Worte heute nicht kapier?
Fehler sollte man auch einsehen.
Sich darum bemühen, auch den anderen zu verstehen.
Aber es kann nicht immer nur mir zugeteilt werden,
andere zu verstehen in ihrer Wut Respektlosigkeit und Beschwerden.
Auch ich habe Respekt und Achtung verdient, als Mensch, als Frau.
Wie mein Gegenüber, das weiß ich genau.
Was soll ich tun, steht auf meiner Nase geschrieben,
an ihr kannst Du Dich austoben, sie wird Dich trotzdem lieben.
Oder ist meine Liebe gar nicht so wichtig, wie ich dachte,
als man noch freundlich mit mir lachte.
Wie naiv, ich dachte, sie könnte alle Verletzungen heilen.
Man würde gerne in meiner Nähe verweilen.
Liebe heißt aber auch loslassen was meine Liebe bekämpft und nicht will.
Dazu brauche ich keine Wut mehr, das geht äußerst still.

Schluss- - - niemand wird es je wieder schaffen, dass ich mich aufgebe,
dass ich in Abhängigkeit und Selbstverachtung lebe.
Ich übernehme die Verantwortung für meine Vergangenheit,
meine Gegenwart und meine Zukunft nun ganz allein.
In Wahrheit und Respekt meinen Gefühlen gegenüber---
Auch alles in mir darf sein.

Für eigene Gedanken

Trennung

Wenn man sich von einem Menschen trenn,
seinen Gefühlen noch davon oder hinterher rennt.

Sich selbst oder dem Anderen die Schuld gibt.
Ganz vergessen will, dass man diesen Menschen mal geliebt.

Und auch alles, was schön war in Frage stellt.
Sich dadurch wertlos und naiv sieht und feststellt....

dass, dieser Mensch auch ohne einem glücklich sein kann.
Tut das verdammt weh, ob Frau, ob Mann.

Nimm Dich dann in die Arme und halte Dich fest.
Verspreche Du Dir, dass Du Dich niemals verlässt.

Verzeih´ Dir die Fehler, die auch Du gemacht hast.
Und fang an zu leben, damit Du nichts verpasst.

Dich begleiten zu dürfen ist eins Deiner schönsten Geschenke
und bitte Gott, dass er Deine Wege lenke.

Denn, wenn Du dich ganz annimmst und bleibst Dir treu...
wird Dein Leben ganz glücklich, voll Liebe und neu.

Und das gönne ich Euch allen aus vollem Herzen.
Schluss mit Selbstzweifeln, Ängsten, Opferrolle und Schmerzen.

Das Leben ist zu kurz um sich klein zu halten.
Und so schön, wenn wir es mit Liebe und Zärtlichkeit gestalten....

Verwandlung

Hätte man mir vor Jahren prophezeit, was ich heute lebe
und was ich so alles von mir gebe.
Ich wäre nicht nur skeptisch gewesen,
nein, ich dachte, ich kehre gut mit meinem Besen.
Es soll alles bleiben, wie es ist,
keine Experimente, Abenteuer und so 'nen Mist.
Ich wiegte mich in Sicherheit,
hatte Angst vor Konflikten, Ablehnung und Streit.
Deshalb habe ich versucht mich anzupassen,
und mich auf nichts Neues einzulassen.
Dachte, ich kenne mich so gut.
Und wäre zufrieden, mit viel Verständnis und ohne Wut.
Brach diese doch mal aus, ganz ohne Grund scheinbar,
versuchte ich mich zu beruhigen, und machte mir klar:
Dass Wut nicht gut ist und unterdrückt werden sollte.
Für mich war es besser, wenn ich mich zurückzog und schmollte.
So lebte ich viele Jahre unzählige Stunden,
dann habe ich den Absprung gefunden.
Raus aus diesem starren alten Denken,
ich wollte mir Leben und Liebe schenken.
Das hat mich erst mal ganz konfus gemacht.
Umgehauen, aufgestanden, alles über Bord geworfen und wieder umge-
dacht.
Habe geweint, gehasst, mich schuldig gefühlt und mich nicht mehr ver-
standen.
Wo waren meine Vorsätze, meine Denkweise, meine Art, die alle kannten?
Es war eine Zeit.... Geburt, Pubertät, Hochzeit, alles fand in und mit mir
statt.
Doch die Sehnsucht in mir wurde zum ersten Mal richtig satt.
Und das war neu und es weckte unheimliche Kräfte in mir.

Wie habe ich das geschafft, das ist etwas, was ich bis heute nicht kapier´.
Ich wurde geschützt und wurde auf meinen Weg geführt.
Zu meiner Heimat, mit einer tiefen Liebe, die mich erfreut und berührt.
Danke an alle, die mich dabei begleiteten oder noch an meiner Seite sein können.
Endlich kann ich mir dieses große Geschenk LEBEN und LIEBEN gönnen.

Für eigene Gedanken

Was wichtig ist

Ist es wichtig, was andere von Dir halten?
Oder was Du in Deinem Innern fühlst?
Darfst Du Dir Deinen Alltag voller Begeisterung gestalten?
Auch wenn Du so manche Gefühle aufwühlst?

Kannst Du Dir treu bleiben,
auch, wenn viele andrer Meinung sind?
Oder fällst Du dann um und musst zeigen,
Du bist ein kleines liebenswertes Kind.

Bist Du Dir Deines Wertes bewusst
und dankst für das wundervolle Wesen, das Du bist?
Dann wünsche ich Dir weiterhin viel Lebenslust,
und so viel Liebe, dass Du Dich nie vergisst.